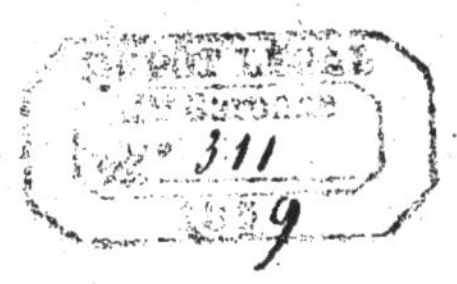

THÈSE

DE

LICENCE.

ACTE PUBLIC

POUR

LA LICENCE

En exécution de l'Article 4, Titre 2, de la Loi du 22 Ventôse an XII.

SOUTENU

Par M. BORDES (Ernest-Jean-Camille),

Né à Prades (Pyrénées-Orientales).

TOULOUSE,

Typographie Troyes OUVRIERS REUNIS,

Rue Saint-Pantaléon, 3.

1859.

A LA MÉMOIRE DE MON PÈRE.

A MA MÈRE.

A MA SOEUR, A MON FRÈRE.

A mes Parents et Amis.

Jus Romanum.

De obligatione pura, in diem, sub conditione. — De obligatione alternativa.

Inst. Just. Lib. III, Tit. XV, §§ 2, 6. — L. 8, Dig. Lib. XVIII, Tit. VI. — L. 95 princip. et § 1, Dig. Lib. XLVI, Tit. III.

Definita est obligatio juris vinculum, quo necessitate adstringimur alicujus solvendæ rei secundum nostræ civitatis jura (Inst. Just. lib. III, tit. XIII, princip.).

In quatuor species possunt dividi omnes obligationes ; aut enim ex eontractu sunt, aut quasi ex contractu, aut ex maleficio, aut quasi ex maleficio. (Inst. Just. lib. III, tit. XIII, § 2).

Quarum obligationum solas videbimus quæ ex contractu nascuntur, quarum æquè quatuor sunt species ; aut enim re contrahuntur, aut verbis, aut litteris, aut consensu (Inst. Just. ibid.). Præteritis alteris speciebus, de his obligationibus quæ verbis contrahuntur aliquid est dicendum.

Verbis obligatio contrahitur ex interrogatione et responsione , cum quid dari fierive nobis stipulamur. Interrogationi nomen datum est *stipulatio* ; responsioni, *promissio*. Qui interrogat *stipulator , aut reus stipulandi* appellatus est; qui respondet , *promissor aut reus promittendi*. Indè , stipulatio pars solummodo est actus ex quo nascitur obligatio. Sic enim ait Paulus : stipulatio est verborum conceptio ad quam quis congruè interrogatus respondet veluti : *spondes? spondeo* ; *promittis ? promitto* ; fidei tuæ erit ? fidei mei erit (sent. 2 , 3). Usus tamen est stipulationem vocare actum ipsum ex quo nascitur obligatio.

Omnis obligatio aut purè contrahitur , aut in diem aut sub conditione.

De obligatione pura.

Obligatio quæ ex stipulatione pura contrahitur, si nec dies nec conditio adjiciatur, veluti quinque aureos mihi dare spondes? Hujus stipulationis dies statim cedit et venit, id est statim debitum peti potest. Modicum tamen tempus statuendum est non minùs decem dierum, ut exigi possit quod promissum est , quia incivile esset stipulatorem cum sacco venire.

Aliquandò dilationem reipsâ exigit stipulatio , veluti si id , quod in utero sit , aut fructus futuros , aut domum ædificari stipulatus sit ; vel aliquando ex adjectione loci : sic qui Carthaginis dari stipulatur, cum Romæ sit , tacite tempus complecti videtur , quo perveniri Carthaginem potest. (L. 73, Lib. XLV. Dig. de verborum obligatione).

De obligatione in diem.

In diem dicitur obligatio, cum in stipulatione dies adjectus est quo pecunia solvetur veluti : decem aureos primis calendis Martii dare spondes ? In qua obligatione jus exstat statim ut perfecta sit stipulatio, sed

tamen solutionem exigere creditor nequit ante diem in stipulatione
dictum.

Pro promissore dies videtur adjectus. Inde si creditor (is est stipulator)
rem ante diem peteret, pluris petitionis pœnam haberet. Item debitor
(is est promissor) jus habet repetendi omnia quæ ante diem dedit.

Sic, vivente Gaio, non poterat eligi dies post mortem alterutrius rei,
nisi adstipulator quidam adjectus fuisset, quia inelegans visum est ex
heredis persona obligationen incipere (Gaï. Com. 3, 55, 100). Æquè
non licebat stipulari *pridiè quam moriar vel pridie quam morieris*, et
tamen, quod difficile intelligi potest, licebat stipulari *cum moriar aut
cum morieris*. Quarum restrictionum Justiniano regnante, nulla exstat.
Omnibus licet diem eligere quem volunt ad solvendam obligationem.

De obligatione sub conditione.

Sub conditione obligatio fit, cum in aliquem casum differtur, ut si
aliquid factum fuerit aut non fuerit, veluti si Titius consul fuerit factus,
quinque aureos dare spondes? Quæ obligatio non exstat statim ut perfecta sit stipulatio. Tunc nullum jus habet creditor, sed tantum juris alicujus spem; jus nascetur solummodo ad casus eventum. Sunt omnes
obligationes quæ nasci possunt solummodo ad mortem stipulatoris,
veluti, si aliquis ità stipuletur : Si in Capitolium non ascendero dare
spondes? stipulator enim, dum vivit, in Capitolium ascendere potest et
deinceps nulla erit obligatio. Sed, cum morietur, tunc certum erit illum
in Capitolium nunquam ascensurum, tunc quoque erit obligatio.

Hoc tamen notandum est scilicet : si conditio impossibilis ex natura,
non faciendi esset, veluti si quis ita stipulatus esset : *si digito cœlum non
attigero dare spondes?* nihil valet obligatio. Ex conditione contra mores
nunquam obligatio nasci potest, quamvis non faciendi sit conditio.

Si pendente conditione res extinct afuerit, si conditio exstiterit, nibil
petere poterit stipulator ; et si pendente conditione, res deterior effecta

fuerit, si conditio exstiterit, rem sicut erit, dabit debitor. Nulla enim est obligatio tamdiù conditio non exstat.

De obligatione alternativa.

Alternatæ obligationes sunt, in quas duæ res plures ve ità deducuntur ut nulla ex his determinata debeatur, ut si quis ità stipuletur : Stichum aut Pamphilum dare spondes ? In qua stipulatione creditor duos homines promittit Stichum et Pamphilum, sed non promittit se hos duos homines daturum, sed tantum unum ex his et unius traditione liberabitur.

Nunc sciendum est in obligatione alternativa cujus aut ereditoris aut debitoris sit electio inter duas res promissas. Nisi aliter in stipulationem dictum fuerit, debitoris semper erit electio. Si quis Stichum aut Pamphilum dare promiserit, si alter decesserit, cum qui vivit præstare debebit, et si posteà alter quoque decesserit, nihil ex stipulatu peti poterit. Attamen si debitoris culpa quædam esset, doli actio non immerito desiderabitur. Quod non erit, si fidejussor promissum hominem interfecisset, quia enim fidejussor ex stipulatu actione solum tenetur.

Quod si creditoris esset electio, altero mortuo qui vivit solus petetur, nisi mora facta sit in eo mortuo quem petitor eligit. Enim vero si mora factus fuisset æstimationem defuncti creditor petere poterit. Mora enim pro culpa habetur, et creditor jam eligit rem præstandam non culpam ferre debet debitoris (L. 95, § I, dig. lib. XLVI, tit. 3.)

QUESTIONES.

Potest ne spes obligationis, quæ ex stipulatione sub conditione nascitur, ad hæredem transmitti ? — Potest.

Si pendente conditione res obligationis tradita fuisset, poterit ne debitor eam repetere ? — Poterit.

Code Napoléon.

Des contrats.

(Art. 1234 à 1314).

Les obligations s'éteignent, porte l'art. 1234 : 1o par le paiement ; 2o par la novation; 3o par la remise volontaire ; 4o par la compensation; 5o par la confusion ; 6o par la perte de la chose ; 7° par la nullité ou la rescision ; 8o par l'effet de la condition résolutoire qui a été expliqué dans un chapitre précédent ; 9o enfin par la prescription, qui fait aussi l'objet d'un titre particulier.

Les sept premiers modes que nous ayons à traiter dans cette thèse, divisés en autant de sections, nous allons les parcourir successivement.

Section Ire.

Du paiement.

Sous cette rubrique, le Code comprend non-seulement le paiement proprement dit, mais encore les offres qui tiennent lieu de paiement, lorsqu'elles sont valables et suivies de consignations, et même la cession de biens qui ne se rattache que très indirectement à l'idée du paiement.

§ 1er. — *Du paiement en général.*

Le paiement est l'accomplissement de ce qu'on s'est obligé de donner ou de faire : *Solutio est præstatio ejus quod in obligatione est.*

Tout paiement suppose une dette; ce qui a été payé sans être dû est sujet à répétition (1235). La répétition n'est pas admise à l'égard des obligations naturelles qui ont été volontairement, c'est-à-dire librement et sciemment acquittées, parce que le débiteur a eu un juste motif de payer. L'obligation naturelle produit tous les effets de l'obligation civile, moins l'action.

Le paiement d'une dette peut être fait par toute autre personne que le débiteur, et même par celle qui n'avait aucun intérêt à acquitter cette dette, pourvu qu'elle agisse au nom et en l'acquit du débiteur, ou que si elle agit en son propre nom, elle ne soit pas subrogée aux droits du créancier. (1236).

Nous avons ici à distinguer plusieurs cas : 1o si c'est un tiers intéressé qui paie pour éteindre la dette, par exemple, une caution, le paiement est de plein droit accompagné de subrogation, et elle acquiert deux actions pour exercer son recours contre le débiteur, l'action de mandat et l'action du créancier originaire; 2o si le paiement est fait par un tiers étranger au nom et à l'acquit du débiteur, la dette est éteinte avec tous ses accessoires et il peut exercer son recours contre le débiteur, une simple action de gestion d'affaires; 3o enfin le paiement fait par un tiers étranger à la dette, en son propre nom, éteint la dette avec tous ses accessoires, il a contre le débiteur une action *de in rem verso.* — S'il stipule et si le créancier consent à la subrogation, l'opération intervenue entre eux n'est plus un paiement, mais un achat, une véritable cession de la créance, le tiers alors n'a qu'une action contre le débiteur, celle du créancier dont il a pris la place.

L'obligation de faire ne peut être acquittée par un tiers contre le gré des créanciers, lorsque ce dernier a intérêt qu'elle soit remplie par le débiteur lui-même (1237).

Lorsque le paiement est translatif de propriété, il faut que le débiteur soit propriétaire de la chose qu'il paie et capable de l'aliéner (1238). 1° si le débiteur n'est pas propriétaire de la chose payée, le créancier qui l'a reçue pourra en être évincé, tant que la prescription ne sera pas accomplie en sa faveur : aussi est-il fondé à demander la nullité de ce paiement. Le débiteur lui-même peut répéter la chose payée, si elle existe encore entre les mains des créanciers, ou s'il ne l'a pas consommée de bonne foi.

2° Quand le débiteur, propriétaire de l'objet donné en paiement, n'a pas capacité pour l'aliéner (par exemple si c'est un pupille qui a payé lui-même), l'annulation du paiement ne peut être demandée que par l'incapable ou ses représentants, puisque d'après l'art. 1125 le bénéfice de l'incapacité n'est établi qu'au profit des incapables. Le débiteur pourra, dans ce cas, faire rescinder le paiement, s'il y a intérêt, et répéter la chose payée, pourvu qu'elle n'ait pas été consommée de bonne foi par le créancier.

Le paiement peut être valablement fait au créancier lui-même ou à son mandataire légal, judiciaire ou conventionnel, lorsqu'il a été fait à une personne qui n'avait point pouvoir de recevoir pour le créancier : il n'en est pas moins valable si le créancier le ratifie ou s'il en profite (1239). Si un débiteur paie de bonne foi le possesseur de la créance ou créancier putatif, la loi déclare le paiement valable (1240), alors même que le possesseur est, par la suite, évincé.

Mais il faut que le créancier qu'on paie soit capable de recevoir. S'il était, par exemple, mineur ou interdit, il pourrait demander la nullité du paiement, à moins que la chose payée n'eût tourné à son profit, ou qu'il n'y eût eu une ratification faite, soit par l'incapable lui-même, autorisé ou devenu capable, soit par son représentant (1241).

Ou ne peut pas non plus payer utilement un créancier au préjudice d'une saisie-arrêt ou opposition légalement formée. Le débiteur serait forcé à payer de nouveau, sauf son recours contre le créancier (1242).

C'est identiquement la chose promise en paiement qui doit être livrée, et on ne peut contraindre le créancier à recevoir une chose pour l'autre, ni le prix pour la chose, ni un fait pour un autre fait (1243).

L'obligation a-t-elle pour objet une chose déterminée individuellement? Cette chose doit être livrée dans l'état où elle se trouve au moment du paiement, à moins qu'elle n'ait été détériorée, soit par le fait ou la faute du débiteur lui-même, soit par le fait ou la faute des personnes dont il est responsable; auxquels cas il ne sera complétement libéré qu'en indemnisant le créancier du dommage qu'il éprouve (1245).

L'obligation a-t-elle pour objet une chose déterminée, quant à son espèce seulement, comme un cheval, tant de mesures de blé, etc., le débiteur n'est pas tenu de la donner de la meilleure espèce, mais il ne pourra l'offrir de la plus mauvaise (1246). Que si l'objet dû est une somme d'argent *in genere*, le paiement doit être fait en espèces métalliques d'or ou d'argent ayant cours en France.

Le paiement doit être fait en entier. Le débiteur ne peut point se libérer par parties. S'il y a plusieurs créances distinctes, il est évident que l'on peut acquitter l'une sans l'autre. A ce principe, fondé en raison et en équité, la loi apporte un tempérament dans l'art. 1244. Elle accorde aux tribunaux la faculté (dont ils doivent user avec une grande réserve) de reculer l'époque du paiement; ou même d'après une tradition de l'ancienne jurisprudence, de permettre au débiteur de se libérer en plusieurs fois.

Le débiteur n'a droit à aucun délai lorsqu'il a diminué, par son fait, les sûretés qu'il avait données à son créancier, ou lorsqu'il a fait faillite (art. 1188); s'il s'est constitué prisonnier, ou si ses biens sont vendus à la requête des créanciers autres que celui qui le poursuit (article 124 C. Pr. Civ.; s'il est en état de contumace (même article). Enfin, en matière de lettres de change et de billets à ordre, le débiteur ne peut réclamer aucun délai pour s'acquitter (art. 157 et 187 du Cod. de Comm.).

Le paiement doit être fait au lieu désigné par la convention ; en dehors de ce cas, il doit être fait au domicile du débiteur par un bénéfice de protection générale que la loi lui accorde, en acceptant la dette d'un corps certain qui doit être acquittée au lieu où il était au moment du contrat, la chose qui en avait fait l'objet (1247).

Les frais du paiement sont à la charge du débiteur (art. 1248).

§ 2. — *Du paiement avec subrogation.*

Le mot subrogation signifie d'une manière générale la substitution d'une personne à une autre personne, ou d'une chose à une autre chose. Il y a donc deux sortes de subrogations, l'une *personnelle*, l'autre *réelle*.

Nous n'avons à nous occuper que de la subrogation personnelle. Celle-ci peut être définie : l'attribution conventionnelle ou légale des garanties accessoires de l'ancienne créance éteinte par le paiement fait avec l'argent d'un tiers à une nouvelle créance qui est née au profit de celui qui a payé.

Plusieurs conséquences découlent de cette définition : 1o puisque la subrogation est un paiement, il est évident qu'elle ne peut pas nuire au créancier ; 2o puisqu'elle ne se confond pas avec la cession de créance, nous devons dire que le tiers qui a payé ne peut agir contre le débiteur libéré que dans la limite des déboursés, que pour calculer le taux de l'intérêt des dépenses faites par la libération, il faut s'en rapporter à la loi qui était en vigueur au moment du paiement : que le subrogeant n'est point garant de l'inexistence de la créance, et enfin que le subrogé n'exerce jamais qu'une action civile résultant de son prêt, tandis que le subrogeant pouvait avoir une créance commerciale.

La subrogation est conventionnelle ou légale selon qu'elle découle de la convention des parties ou de la loi.

Subrogation conventionnelle. — La subrogation conventionnelle peut s'accomplir : 1o entre le créancier et un tiers, sans le concours du débiteur ; et 2o entre le tiers et le débiteur, sans le concours du créancier.

I. La subrogation peut être effectuée par la volonté du créancier au profit de la personne qui le paie au moyen des deux conditions suivantes : la première , que la subrogation soit formellement exprimée dans la convention , la loi n'admettant pas la subrogation tacite ; la seconde , que la subrogation soit faite au moment même du paiement (1250) , parce que c'est le moment où l'ancienne dette s'éteint.

II. La subrogation peut être aussi opérée sans la participation du créancier par le débiteur qui emprunte une somme pour se libérer au profit du tiers-prêteur. Ici , deux conditions sont encore nécessaires : 1º que l'acte d'emprunt et la quittance du créancier soient notariés; 2º qu'il soit exprimé dans l'acte d'emprunt que les deniers sont emprun- tés pour le paiement à faire, et dans la quittance, que ce paiement a effectivement été fait au moyen de ces deniers.

Ces diverses précautions ont été prises par la loi afin de prévenir les fraudes et d'empêcher qu'au moyen d'une subrogation faite après le paie- ment , on ne fit revivre une créance éteinte.

Subrogation légale. - La subrogation légale a lieu de plein droit : 1º au profit du créancier qui paie un autre créancier ayant sur lui une cause de préférence. Ainsi , le créancier chirographaire , qui paie le créancier hypothécaire de son débiteur , se trouve de plein droit subrogé dans l'hypothèque de ce second créancier. Le motif de cette subrogation, c'est que le créancier placé au dernier rang a un intérêt légitime à écarter , en désintéressant ceux qui doivent être payés avant lui et à dimi- nuer aussi les frais qui pourraient résulter de poursuites nombreuses. Ce- pendant il ne nous paraît pas qu'un créancier préférable puisse écarter un créancier inférieur en rang; les termes du § 1er de l'art. 1251 s'y op- posent d'une manière formelle; aussi bon nombre d'auteurs ont-ils criti- qué cette disposition de loi.

2º Au profit de l'acquéreur d'un immeuble qui emploie le prix de son acquisition au paiement des créanciers auxquels cet héritage était hypo- théqué. En effet, l'acquéreur en désintéressant les créanciers privilégiés ou hypothécaires , se met à l'abri de leur recours, consolide la posses- sion de l'immeuble hypothéqué et évite les formalités de la purge. Lors- que le prix d'acquisition n'a pas été suffisant pour payer tous les créan- ciers inscrits sur l'immeuble , il peut arriver que l'acquéreur soit évincé par ceux qu'il n'a point désintéressés ; mais alors la subrogation lui permet de faire valoir les hypothèques ou privilèges qui appartenaient aux créanciers premiers inscrits et par lui désintéressés , et par ce moyen il recouvre ce qu'il a payé sur le prix d'adjudication , par préférence à ses concurrents.

Nous croyons que le § 2 de l'art. 1251 doit être entendu d'une manière générale et doit être appliqué à tout acquéreur quel qu'il soit (donataire , co-échangiste) , qui paie les créanciers hypothécaires inscrits sur l'immeuble acquis.

3° Au profit de celui qui, étant tenu avec d'autres ou pour d'autres au paiement de la dette , avait intérêt à l'acquitter. Une caution est tenue pour le débiteur principal , un co-débiteur solidaire est tenu avec son co-débiteur. Dans tous ces cas , il était juste que la subrogation eût lieu de plein droit en faveur de celui qui éteint la dette par le paiement ; mais il est évident aussi que cette subrogation ne peut pas procurer à celui qui en profite la faculté d'exercer un recours intégral contre chacun de ses co-obligés.

4° Au profit de l'héritier bénéficiaire qui paie de ses deniers les dettes de succession. Cette disposition est une conséquence raisonnable du principe suivant lequel l'héritier bénéficiaire ne confond pas ses biens avec ceux de la succession ; il a pu avoir un intérêt légitime à payer les créanciers du défunt , on conçoit que la loi le protège en lui accordant la garantie de la subrogation.

Effets de la subrogation. — La subrogation conventionnelle ou légale produit son effet, tant à l'égard des cautions qu'à celui des débiteurs (1252). Elle confère tous les droits du créancier au débiteur , sauf conventions contraires et les exceptions prévues par les art. 1214, 1216, 2033 du C. Nap.

La subrogation conventionnelle ou légale ne peut nuire au créancier, lorsqu'il n'a reçu qu'un paiement partiel ; dans ce cas il peut par préférence au subrogé exercer tous ses droits pour ce qui lui reste dû (1252). N'eût-il pas été plus juste d'admettre ici un concours entre le subrogé et le créancier désintéressé pour partie ? Nous devons ajouter que le droit de ce créancier est tout personnel, et qu'il ne pourrait pas être exercé par un autre subrogé qui aurait payé le restant de la créance.

§ 3. — *De l'imputation des paiements.*

Lorsqu'un débiteur, étant tenu envers la même personne de plusieurs dettes ayant chacune pour objet des choses de même espèce, opère un paiement qui n'est pas suffisant pour les acquitter toutes, dans ce cas, le débiteur, le créancier ou la loi, indique la dette qui a été éteinte ou diminuée par ce paiement, et c'est ce que l'on appelle : *imputation.*

Et d'abord, le débiteur a le droit de déclarer quelle dette il entend acquitter (1253.) A ce principe trois exceptions : L'imputation ne peut pas être dirigée par lui : 1° sur une dette non échue, lorsque le terme a été stipulé dans l'intérêt du créancier ; 2° sur le capital par préférence aux intérêts ou arrérages (art. 1254), car il est légitime que les intérêts aient la préférence ; 3° sur une dette que la somme qu'il paie ne peut pas éteindre tout entière, car le créancier ne saurait être contraint à recevoir un paiement partiel.

Si le débiteur n'a pas fait usage de son droit d'imputation, ce droit passe au créancier ; la quittance délivrée par celui-ci et acceptée par le débiteur, empêche ce dernier de proposer une imputation autre que celle qu'elle contient, à moins qu'il n'y ait eu dol ou surprise de la part du créancier (art. 1255.)

Le paiement doit être imputé sur la dette que le débiteur avait pour lors le plus d'intérêt à acquitter entre celles qui sont pareillement échues ; sinon sur la dette échue, quoique moins onéreuse que celles qui ne le sont point, car l'exigibilité est considérée comme le caractère le plus onéreux de la dette. Enfin si les dettes sont d'égale nature, l'art. 1256 établit que l'imputation se fera sur la plus ancienne, et que toutes choses égales, elle se fera proportionnellement. Nous pensons que cette expression, la dette la plus ancienne signifie la dette dont l'échéance a eu lieu depuis plus longtemps. On doit remarquer que l'application générale de l'art. 1256 est abandonnée surtout à la sagesse des tribunaux.

§ 4. — *Des offres de paiement et de la consignation*

Lorsqu'un créancier refuse, sans juste motif, de recevoir son paiement, le débiteur peut arriver malgré lui, à sa libération par des moyens qui varient, selon que la dette a pour objet une somme d'argent, un corps certain ou une chose indéterminée. Ces moyens sont en général les offres réelles et la consignation.

L'offre réelle est la présentation effective au créancier de la chose due avec offre de la recevoir.

La consignation est le dépôt de la chose due dans un lieu désigné par la loi ou la justice.

I. Lorsque l'objet de la dette est une somme d'argent, les offres réelles faites par le débiteur seront valables aux conditions suivantes (art. 1258) : 1o elles doivent être faites au créancier ayant capacité de recevoir ou à celui qui a pouvoir de recevoir pour lui : la raison en est que les offres réelles sont un véritable mode de paiement ; 2o elles doivent être faites par une personne capable de payer, car le créancier n'est pas en sûreté lorsqu'il reçoit un paiement vicieux ; 3o elles doivent être de la totalité de la somme exigible des arrérages ou intérêts dus, des frais liquidés et d'une somme pour les frais non liquidés, sauf à la parfaire. On sait, en effet, que le créancier ne peut pas être contraint à recevoir un paiement partiel ; 4o le terme doit être échu s'il a été stipulé en faveur du créancier ; 5o la condition sous laquelle la dette a été contractée doit être accomplie, car le créancier qui accepterait les offres, s'exposerait à restituer, si la condition venait à défaillir ; 6o les offres doivent être faites au lieu dont on est convenu pour le paiement, et s'il n'y a pas de conventions spéciales sur le lieu du paiement, elles doivent être faites à la personne du créancier ou à son domicile ou au domicile élu pour l'exécution de la convention. Ne serait-ce pas expliquer judaïquement cette disposition de la loi que de défendre à un débiteur de faire des offres à la barre et à la personne même du créancier ? 7° enfin les offres doivent être faites par un officier ministériel ayant caractère pour ces sortes d'actes, ainsi les huissiers et les notaires.

En matière de lettres de change ou de billets à ordre, le créancier étant presque toujours inconnu du débiteur, la procédure des offres n'est pas nécessaire.

Pour la validité de la consignation il n'est pas nécessaire qu'elle ait été autorisée par le juge. Il suffit : 1o qu'elle ait été précédée d'une sommation signifiée au créancier et contenant l'indication du jour, de l'heure et du lieu où la somme offerte sera déposée ; 2o que le débiteur se soit dessaisi de la somme offerte en la remettant dans le dépôt indiqué par la loi avec les intérêts jusqu'au jour du dépôt ; le lieu où doit s'effectuer le dépôt est connu sous le nom de caisse de consignation ; 3° qu'il y ait eu un procès-verbal, dressé par l'officier ministériel, de la nature des espèces offertes, du refus qu'a fait le créancier de les recevoir ou de sa non-comparution, et enfin du dépôt ; 4° qu'en cas de non-comparution de la part du créancier, le procès-verbal du dépôt lui ait été signifié avec sommation de retirer la chose déposée.

Telles sont les formalités prescrites par les articles 1258-1259 du Code Napoléon pour la validité des offres et de la consignation. Ces dispositions de loi sont complétées par les art. 812 et 813 du Code de Proc. Civ.

On s'est demandé si la libération devait dater du jour des offres ou seulement du jour de la consignation. Pour nous, il nous semble que l'art 1257 décide la question, lorsqu'il dit que les choses offertes ne passent aux risques et périls du créancier, qu'*après qu'elles ont été consignées*, ce qui signifie sans doute que c'est la consignation précédée des offres qui opère la libération. Cette interprétation nous paraît confirmée par l'art. 816 du Cod. de Pr. Civ., où l'on voit « que le jugement qui déclare les offres valables... doit prononcer la cessation des intérêts du jour de la réalisation » du dépôt.

Tant que la consignation n'a point été acceptée par le créancier ou à défaut d'acceptation tant qu'elle n'a pas été déclarée bonne et valable par un jugement passé en force de chose jugée, le débiteur est maître de la retirer. S'il la retire, les co-débiteurs ou cautions ne sont pas libérés; s'il tombe en faillite, son créancier ne peut plus accepter la consignation. (Art. 1261-1262).

Le créancier qui a consenti que le débiteur retirât sa consignation, après qu'elle a été déclarée valable par un jugement qui a acquis force de chose jugée, ne peut plus, pour le paiement de sa créance, exercer les priviléges et hypothèques qui y étaient attachés. (1263). L'ancienne dette a été éteinte avec toutes ses garanties; une nouvelle dette est créée, qui n'a et ne peut avoir d'autres garanties que celles que le créancier stipule expressément.

II. Les formalités que la loi prescrit pour les offres et consignations quand il s'agit de dettes de sommes d'argent, ne peuvent pas être entièrement observées lorsque la dette est d'un corps certain. Dans ce cas, la loi a affranchi le débiteur de la nécessité des offres réelles, elle lui impose l'obligation de faire sommation au créancier de venir prendre délivrance là où elle doit avoir lieu. (Art. 1264). Cette sommation faite, si le créancier n'enlève pas la chose, et que le débiteur ait besoin du lieu dans lequel elle est placée, celui-ci pourra obtenir de la justice la permission de la mettre en dépôt dans quelque autre lieu.

III. Lorsque la dette a pour objet des choses indéterminées, autres que des sommes d'argent, par exemple tant de mesures de blé, quelles sont les formalités à suivre? On décide généralement et avec raison, selon nous, que ces sortes de dettes sont soumises aux mêmes règles de procédure que les dettes de corps certains, par cette autre raison que des choses indéterminées une fois désignées dans la sommation deviennent par là même des corps certains, par cette autre raison que la caisse de consignation n'a été instituée que pour recevoir des sommes d'argent, et enfin parce qu'il serait absurde de forcer un débiteur à faire voiturer au domicile du créancier et de grandes distances les choses qui sont dans l'obligation.

3

Art. 1260. Les frais des offres réelles et de la consignation sont à la charge du créancier , si elles sont valables. Cette disposition est équitable , puisque c'est la faute du créancier qui a rendu les frais nécessaires.

§ 5. — *De la cession de biens.*

Le Code définit la cession de biens : « l'abandon qu'un débiteur fait de tous ses biens , lorsqu'il se trouve hors d'état de payer ses dettes. (Art. 1265). » Cette définition , dans sa généralité manque d'exactitude , comme on le verra par la suite.

La cession de biens est *volontaire* ou *judiciaire.*

La cession de biens volontaire est celle qui est proposée par le débiteur à ses créanciers et acceptée par eux ; elle n'a d'effet que celui résultant des stipulations mêmes du contrat par lequel ils se sont engagés réciproquement : peu importe dans ce cas que le débiteur fût ou non hors d'état de payer ses dettes, qu'il ait abandonné à ses créanciers tous ses biens ou une partie seulement. Les conventions font loi entre les parties

Cette simple observation en même temps qu'elle donne une règle sûre pour l'inteprétation des cessions volontaires , justifie nos critiques sur la définition de l'art. 1265.

La cession judiciaire est un bénéfice que la loi accorde au débiteur malheureux et de bonne foi auquel il est permis , pour avoir la liberté de sa personne , de faire en justice l'abandon de tous ses biens à ses créanciers , nonobstant toutes stipulations contraires.

C'est au débiteur qui réclame cette faveur de la loi à prouver que son insolvabilité résulte d'événements malheureux, mais nous ne croyons pas qu'il soit tenu de prouver sa bonne foi, car en règle générale la bonne foi est présumée. (2268).

La cession judiciaire ayant son fondement dans des motifs d'humanité et d'ordre public, on conçoit que la loi n'ait pas permis d'y renoncer à l'avance.

Elle procure au débiteur la liberté de sa personne. Quant à ses biens, elle n'en confère point la propriété aux créanciers ; elle leur donne seulement le droit de les faire vendre à leur profit, et d'en percevoir les revenus jusqu'à la vente (art. 1269). Les formes de cette vente sont déterminées par les art. 898 et suivants du Code de Procédure Civile. qui règlent en cet endroit la procédure relative à la cession de biens judiciaires.

Du principe que le débiteur ne transfère pas à ses créanciers la propriété des biens cédés, il suit que si la vente produit un excédant de ce qui est dû, cet excédant revient au débiteur, qui est alors complétement libéré. Que si, au contraire, le prix provenant de la vente est inférieur au montant des créances, le débiteur reste obligé, pour le surplus, sur les biens qu'il acquerra dans l'avenir, en en acceptant toujours les objets que la loi déclare insaisissables.

La cession judiciaire donne aussi à ses créanciérs le droit de percevoir eux-mêmes les fruits des biens abandonnés, et de les faire vendre comme les autres biens. Enfin elle enlève au débiteur le droit d'aliéner ses biens et de contracter des obligations au préjudice de ses créanciers.

L'art. 905 du C. de Pr. Civ. détermine d'une manière limitative les personnes auxquelles les créanciers peuvent refuser la cession judiciaire.

SECTION II.

De la Novation.

La novation est la substitution d'une obligation nouvelle à une ancienne obligation. Elle peut avoir lieu par changement d'objet, par changement de débiteur, par changement de créancier. L'art, 1271 du Cod. Nap. détermine ces modes divers. « La rénovation, y est-il dit, s'o- » père de trois manières : 1º lorsque le débiteur contracte envers son » créancier une nouvelle dette, qui est substituée à l'ancienne, laquelle

» est éteinte ; 2° lorsqu'un nouveau débiteur est substitué à l'ancien,
» qui est déchargé par le créancier ; 3° lorsque, par l'effet d'un nouvel
» engagement, un nouveau créancier est substitué à l'ancien envers
» lequel le débiteur se trouve déchargé. »

La novation par changement d'objet exige le concours du créancier et
du débiteur. La novation par changement de débiteur peut s'opérer sans
le concours du premier débiteur (art. 1274). Dans la novation par
changement de créancier, trois personnes sont en présence : l'ancien
créancier qui renonce à sa créance, le débiteur qui contracte une dette
nouvelle, et le nouveau créancier qui accepte l'engagement du débiteur.
Du reste, ces différents modes peuvent se rencontrer à deux, à trois,
dans la même opération.

La novation, on le voit, est un véritable contrat qui, comme tel, ne
peut exister qu'entre personnes capables (1272). Il faut que la volonté
de l'opérer résulte clairement de l'acte, car la novation, aux termes de
l'art. 1273, ne se présume pas ; c'est donc à celui qui en allègue l'existence à la prouver ; mais il n'est pas nécessaire que les parties l'aient
stipulée d'une manière expresse. Il ne faudrait pas voir une novation
dans la simple indication faite par le débiteur d'une personne qui doit
payer à sa place, ou par le créancier d'une personne qui doit recevoir
pour lui (1277) ; de même, en principe, les changements qui n'affec-
tent que les modalités ou les garanties de la dette, n'opèrent point novation.

La novation est extinctive d'obligation ; donc une dette nulle ne peut
être novée ; elle est aussi productive d'obligation ; donc une dette valable ne peut pas être novée par une dette nulle. La dette de jeu ne
peut pas être l'objet d'une novation, bien qu'elle puisse être valablement payée (1967). Toutefois, nous croyons, en général, que l'obligation
susceptible d'être valablement payée est aussi susceptible d'être novée :
Ainsi, des dettes annulables et des dettes naturelles. Lorsqu'on substitue
une obligation annulable à une obligation valable, l'ancienne obligation
revit si la seconde est annulable, à moins toutefois, que le créancier
n'eût accepté le nouvel engagement à ses risques et périls.

Une obligation conditionnelle peut être transformée par la novation à une obligation pure et simple, s'il est démontré que les parties ont voulu renoncer à l'éventualité de la condition, sans quoi la seconde dette sera conditionnelle comme la première. De même, lorsqu'on substitue une dette pure et simple à une dette conditionnelle, la novation ne se forme qu'autant que la condition à laquelle est subordonnée la validité de la nouvelle dette se réalise, à moins que le créancier n'ait entendu abandonner définitivement la créance certaine qu'il avait en échange d'une créance incertaine.

Nous avons vu que la novation peut s'opérer par changement de débiteur. A cette idée se rattache la théorie de la délégation, « *delegare*, dit » le jurisconsulte romain, *est vice sua alium reum dare creditori.*» Loi 11 ff de Novat.

La délégation est *parfaite* ou *imparfaite,*

La *délégation parfaite* a lieu lorsqu'un débiteur obtient sa libération en faisant obliger en son lieu et place une autre personne acceptée par le créancier. Cette obligation, on le voit, suppose le concours de trois personnes : le débiteur délégant, le créancier délégataire et le délégué qui devient débiteur personnel de ce dernier ; mais il faut pour la validité de cette obligation que le créancier ait expressément déclaré qu'il entendait décharger son débiteur qui a fait la délégation. A ce titre, l'opération intervenue entre ces trois personnes, opère novation. C'est pourquoi le délégataire n'a aucun recours à exercer contre le délégant, lorsque le délégué devient insolvable, à moins toutefois, que l'acte n'en contienne qu'une réserve expresse, ou que le délégué ne fût en faillite ouverte ou en déconfiture au moment de la délégation (1276).

Dans la pratique, le délégué est le plus souvent un débiteur du délégant. La délégation emportant novation empêchera le délégué d'opposer au délégataire les exceptions qu'il aurait pu faire valoir contre le délégué.

La *délégation imparfaite* est celle qui ne contient pas de novation. Elle résulte d'une convention par laquelle un créancier accepte un nouveau débiteur qui lui est présenté par l'ancien, sans décharger ce dernier : le premier débiteur reste toujours obligé, le créancier peut demander le paiement de la dette à deux personnes.

Il nous reste à examiner les effets de la novation proprement dise. La novation étant extinctive d'obligation, il s'ensuit que tous les accessoires de l'ancienne dette sont éteints, comme cette dette elle-même : Toutefois, l'art. 1278 permet de réserver expressément les priviléges et hypothèques de l'ancienne créance pour les rattacher à celle qui y est substituée. C'est dire que ces garanties accessoires ne peuvent être retenues que dans la limite de la dette qu'on éteint.

Lorsque la novation s'opère par la substitution d'un nouveau débiteur, les priviléges et hypothèques primitifs de la créance ne peuvent point passer sur les biens du nouveau débiteur (1279). Mais dans ce cas, le créancier et le tiers qui s'obligent au lieu et place du débiteur, peuvent-ils sans le consentement exprès de ce dernier, réserver les hypothèques qui pèsent sur ses biens? Pothier enseignait la négative, et nous croyons qu'elle doit encore aujourd'hui être adoptée, parce qu'il n'est pas probable que les rédacteurs du Code aient abandonné sur ce point la théorie de l'éminent jurisconsulte, après l'avoir suivi sur un point entièrement semblable, ainsi que cela résulte des art. (1280-1281).

Lorsque le créancier fait novation avec l'un de ses débiteurs solidaires, les autres sont libérés, mais la solidarité qui faisait la garantie de l'ancienne dette ne pourra être rattachée à la nouvelle sans le consentement des codébiteurs de celui qui s'oblige à nouveau. C'est l'opinion de Pothier consacrée par le deuxième paragraphe de l'art. 1281, qui en fait aussi l'application à la caution libérée par la novation que le créancier fait avec le débiteur principal.

Quant aux hypothèques de l'ancienne dette solidaire, la loi permet aux créanciers de stipuler que les garanties réelles de l'ancienne créance seront conservées sur les biens du débiteur qui s'oblige à nouveau pour sauvegarder la nouvelle dette; mais la loi défend de réserver celle qui affecte les biens des autres débiteurs, à moins que ces derniers ne consentent expressément, et c'est encore l'opinion de Pothier que notre législateur a suivie, quoique ce système ne soit pas exempt de reproches.

Section III.

De la remise de la dette.

Les obligations peuvent être éteintes par le même consentement qui les a formées. Tel est le principe de la remise de la dette, qui n'est autre chose dans un sens général que l'abandon que le créancier fait de sa créance.

La remise de la dette est une véritable libéralité, par conséquent elle est soumise à toutes les règles des aliénations à titre gratuit, sauf les règles de forme dont elle est exemptée à cause de la faveur que la loi accorde aux délibératious.

Elle peut être expresse ou tacite. C'est de la remise tacite que notre section formule les règles. L'art. 1282 est ainsi conçu : La remise volontaire du titre original sous signature privée par le créancier au débiteur fait preuve de la libération, c'est là un cas de présomption légale. Le créancier se désaisissant de son plein gré de l'instrument de son droit, il est raisonnable de supposer qu'il veut renoncer aux droits lui-même. La présomption posée par l'art. 1282 est invincible ; quant au fait de la remise volontaire, il peut être prouvé et contesté, quelle que soit l'importance de la dette par témoins, et même par de simples présomptions parmi lesquelles, à notre avis, l'on doit placer la possession du titre par le débiteur.

La remise volontaire de la grosse du titre fait présumer la remise de la dette ou le paiement sans préjudice de la preuve contraire (1283). Ici, la présomption de libération n'est pas invincible. En effet, la loi ne pouvait pas affirmer infailliblement que le créancier avait voulu faire abandon de son droit en remettant la grosse au débiteur, puisque la minute du titre reste toujours chez le notaire qui peut en délivrer une nouvelle expédition.

Nous croyons que la destruction volontaire du titre par le créancier doit produire les mêmes effets que la remise volontaire.

La remise de la chose donnée en nantissement ne suffit point pour faire présumer la remise de la dette (1286) ; car ce fait révélant avant toute chose la confiance que le créancier accorde au débiteur , on ne saurait y voir l'extinction de sa créance.

Passons aux effets de la remise de la dette. L'art. 1284 porte : La remise du titre original sous signature privée, ou de la grosse du titre à l'un des débiteurs solidaires a le même effet au profit de ses co-débiteurs. L'art. 1285 applique le même principe à la remise expresse lorsqu'il dit que la décharge conventionnelle faite au profit de l'un des co-débiteurs solidaires libère tous les autres, à moins que le créancier n'ait expressément réservé ses droits contre ces derniers, auquel cas il ne peut plus répéter la dette que déduction faite de la part de celui auquel il a fait la remise.

Ces deux dispositions de loi sont fondées sur cette présomption que la remise est plutôt réelle que personnelle , c'est-à-dire, qu'elle est faite généralement sans restriction à telle ou telle personne , et qu'elle a pour objet l'extinction de la dette vis-à-vis de tous les débiteurs.

La remise ou décharge conventionnelle accordée au débiteur principal libère les cautions , car les garanties accessoires doivent tomber avec l'obligation principale ; mais le contraire n'a pas lieu , et la loi décide avec raison que la remise accordée à la caution ne libère pas le débiteur principal. Celle qui est accordée à l'une des cautions ne profite pas non plus aux autres (1287). Ce qui doit s'entendre en ce sens que le créancier qui a fait une remise personnelle à l'une des cautions , ne pourra recourir contre les autres qu'en déduisant la part que la caution déchargée devait supporter dans la dette.

Ce que le créancier a reçu d'une caution pour la décharge de son cautionnement , doit être imputé sur la dette et tourner à la charge du débiteur principal et des autres cautions (1288). Cette disposition a eu pour but d'empêcher que la même dette ne fût payée plusieurs fois , mais on est forcé de couvenir qu'elle entraîne quelques injustices.

Section IV.

De la Compensation.

Lorsque deux personnes se trouvent débitrices l'une envers l'autre, il s'opère entre elles, dit l'art. 1289, une compensation qui éteint les deux dettes de la manière et dans les cas ci-après exprimés. *Melius non solvere, quàm solutum repetere,* disent les commentateurs.

La compensation est *légale* ou *facultative*.

I. La compensation s'opère de plein droit par la seule force de la loi, même à l'insu des délibérations ; les deux dettes s'éteignent réciproquement à l'instant où elles se trouvent exister à la fois jusqu'à concurrence de leur quotité respective ; les juges peuvent donc la prononcer d'office (1290).

Pour que ce résultat se produise, cinq considérations sont nécessaires : 1º les deux dettes doivent avoir pour objet, l'une et l'autre, une somme d'argent ou des choses fongibles de la même espèce (1291) ; car le créancier ne peut pas être contraint de retenir en paiement une chose autre que celle qui lui est due. Toutefois, nous ne voyons pas que l'on puisse repousser la compensation entre deux dettes de choses non fongibles, lorsqu'elles sont indéterminées et de même espèce. De même, les prestations en grains ou denrées non contestées, et dont le prix est réglé par les mercuriales, peuvent se compenser avec des sommes liquides et exigibles (1291).

2º Les deux dettes doivent être liquides. Une dette est liquide lorsqu'il est constant qu'il est dû et combien il est dû, *cùm certum est an et quantùm debeatur.* Ce qui ne veut pas dire qu'il est nécessaire que les deux dettes soient reconnues par les parties, car ce serait favoriser la mauvaise foi ; mais que l'existence et la qualité de la dette doivent être susceptibles d'une justification prompte et facile ;

3º Les deux dettes doivent être exigibles, car un débiteur ne peut pas être privé, malgré lui, du bénéfice du terme ou de la condition. Toutefois, la loi nous avertit (1292) que le terme de grâce, c'est-à-dire celui qu'accorde le juge, n'est pas un obstacle à la compensation ; d'un autre côté, il faut reconnaître que les dettes d'un débiteur failli, quoiqu'elles soient devenues exigibles par l'effet de sa faillite, ne peuvent pas être compensées avec les créances exigibles qu'il a sur son créancier, car ce serait accorder à ce dernier un privilége qui n'est pas dans l'esprit de la loi ;

4° Il résulte des termes de l'art 1289 que la dette doit être personnelle à celui qui invoque la compensation et à celui auquel elle est opposée. Néanmoins la caution peut opposer la compensation qui s'est opérée du chef du débiteur principal (1294). La dette principale étant éteinte de plein droit, en vertu de la loi, la garantie accessoire n'existe plus. La réciproque n'est pas vraie, et il n'est pas permis au débiteur principal d'invoquer en compensation de sa dette la créance que sa caution a pu acquérir contre son créancier. Le débiteur solidaire ne peut pareillement opposer la compensation de ce que le créancier doit à son codébiteur, et c'est ce qui résulte aussi de la disposition de l'art. 1208 ;

5° Il faut enfin que la dette ne soit pas de celles qui, par la volonté expresse du législateur, ne pouvait entrer en compensation. Telles sont : 1° la demande en restitution d'une chose dont le propriétaire a été injustement dépouillé : *spoliatus ante omnia restituendus, quod est edictum in odium furum ;* 2° la demande en restitution d'un dépôt ou d'un prêt. Cette disposition s'applique au cas où le dépôt comprendrait une somme dont les espèces ne seraient pas déterminées, et au cas où l'emprunteur laissant périr par sa faute la chose qu'il devait rendre, son obligation, qui primitivement avait pour objet un corps certain, se trouve convertie en une dette ayant pour objet des dommages-intérêts dont le taux est fixé à l'avance par une clause pénale ; 3° une dette qui a pour cause des aliments déclarés insaisissables. L'art. 581 du Cod. de Proc. Civ. détermine quelles choses sont insaisissables.

Il n'est pas nécessaire d'ailleurs, pour que la compensation s'opère, que les deux dettes soient d'égale valeur, ni qu'elles soient payables dans le même lieu ; que si elles sont payables en des lieux différents, on devra faire raison des frais de la remise (1296). Lorsqu'il y a plusieurs dettes compensables dues par la même personne, la compensation en est faite, suivant les règles de l'imputation légale déjà développée.

Nous avons vu que la compensation s'opère de plein droit. L'art. 1295 apporte à cette idée un tempérament équitable, lorsqu'il dit : « Le débiteur qui a accepté purement et simplement la cession que son créancier a faite de ses droits à un tiers, ne peut plus opposer au cessionnaire la compensation qu'il eût pu, avant l'acceptation, opposer au cédant. » Cet article ajoute, avec non moins de sagesse : « A l'égard de la cession qui n'a point été acceptée par le débiteur, mais qui lui a été signifiée, elle n'empêche que la compensation des créances postérieures à cette notification. »

La compensation n'a pas lieu au préjudice des droits acquis à des tiers. Ainsi celui qui, étant débiteur, est devenu créancier depuis la saisie-arrêt faite par un tiers entre ses mains, ne peut, au préjudice du saisissant, opposer la compensation (1298).

Celui qui a payé une dette qui était de droit éteinte par la compensation, ne peut plus, en exerçant la créance dont il n'a point opposé la compensation, se prévaloir, au préjudice des tiers, des priviléges ou hypothèques qui y étaient attachés, à moins qu'il n'ait eu une juste cause d'ignorer la créance qui devait compenser sa dette. Il ne faut pas que les tiers puissent être victimes d'une collusion qu'ils ne pourraient point empêcher; mais, d'un autre côté, il ne faut pas que la compensation établie en faveur des parties se tourne trop facilement contre elles.

II. Il nous reste à parler de la compensation facultative, qui est celle qui a besoin, pour produire son effet, d'être opposée par l'une des parties, et d'être prononcée par le juge. Elle ne peut être présentée que par la partie que la loi a voulu protéger, en refusant à l'autre le bénéfice de la compensation légale; elle peut être opposée par le déposant devenu débiteur du dépositaire par le prêteur à usage, devenu aussi débiteur de l'emprunteur. En un mot, elle n'est autre chose que la renonciation au droit qu'on avait de se refuser à la compensation.

La demande de compensation, comme elle est élevée en justice par un défendeur pour repousser ou atténuer les conclusions des demandes, reçoit quelquefois le nom de *demande reconventionnelle* ou de *reconvention*.

SECTION V.

De la confusion.

La confusion est le concours sur la même tête de deux qualités incompatibles, celle de créancier et de débiteur dont l'une détruisant l'autre rend l'obligation impossible.

La confusion a lieu : 1º lorsque le débiteur succède à son créancier ; 2º lorsque le créancier succède à son débiteur ; 3º lorsque la même personne succède au débiteur et au créancier.

La confusion qui s'opère en la personne du débiteur principal profite à ses cautions (1301). Il doit en être ainsi, car si le débiteur devenu créancier poursuivait les cautions, il serait repoussé en vertu de la maxime : *quem de evictione tenet actio eumdem agentem repellit exceptio.*

La confusion qui s'opère en la personne de la caution, n'entraîne point l'extinction de l'obligation principale. En effet, de ce que le cautionnement qui est l'accessoire se trouve détruit, il ne s'ensuit pas que le principal qui en est parfaitement distinct et indépendant, soit également anéanti ; c'est pourquoi, lorsque c'est le créancier qui succède à la caution ou réciproquement, l'obligation principale continue à subsister vis-à-vis des autres cautions qui cependant ne pourront être poursuivies, que déduction faite de la part que devait supporter celle d'entre elles que la confusion a libérée.

Lorsque l'un des débiteurs solidaires succède au créancier ou réciproquement, la confusion ne profite à ses codébiteurs solidaires que pour la portion dont il était débiteur.

La confusion n'a pas lieu lorsqu'une succession est acceptée sous bénéfice d'inventaire (art. 802). La confusion peut être révoquée, par exemple si le débiteur qui a succédé au créancier fait revivre l'acceptation qu'il a faite de la succession (art. 783). Dans ce cas, la dette avec tous ses accessoires est réputée n'avoir jamais été éteinte ; les effets de la confusion sont anéantis même à l'égard des tiers, parce que la cessation a lieu *ex antiqua causa*. Lorsque, au contraire, la cessation a lieu *ex causa nova*, par exemple, si le débiteur qui a succédé à son créancier vend à un tiers la succession, la succession reprend vie, mais non pas vis-à-vis des tiers ; c'est pourquoi les hypothèques, cautionnements et toutes garanties accessoires qui nuisaient à ces derniers, restent à jamais anéanties.

SECTION VI.

De la perte de la chose due.

Impossibilium nulla est obligatio, disaient les jurisconsultes romains. Cette impossibilité extinctive des obligations se rencontre : 1º au cas où la chose due a été matériellement détruite ; 2º au cas où elle est mise hors du commerce ; 3º au cas où l'on en ignore absolument l'existence (1302). On voit, du reste, qu'il ne s'agit dans toutes ces hypothèses que de la perte d'un corps certain et déterminé. En effet, on ne pouvait s'occuper de la perte des genres ou des espèces, *quia genera non pereunt*.

Si la chose a péri ou a été perdue sans la faute du débiteur et avant qu'il fût en demeure, l'obligation est désormais éteinte (art. 1302). Mais si le débiteur était en faute ou en demeure au moment où la chose a été perdue ou même si c'est par son fait que la perte est arrivée, l'obligation continue de subsister et produit des dommages-intérêts. Néanmoins, alors même que le débiteur est en demeure, et s'il ne s'est pas chargé des cas fortuits, l'obligation est éteinte; s'il est démontré que la chose fût également périe chez le créancier, c'est au débiteur à prouver le cas fortuit qu'il allègue.

L'article 1302 dans son dernier paragraphe détermine en ces termes l'obligation du voleur : de quelque manière que la chose volée ait péri ou ait été perdue, sa perte ne dispense pas celui qui l'a soustraite de la restitution du prix. Ainsi, il n'est pas nécessaire de mettre en demeure l'auteur du vol, il est toujours en faute aux yeux de la loi, il répond des cas fortuits. Mais est-il obligé de payer la chose qui a péri, alors même qu'il est établi qu'elle eût également péri chez le propriétaire, si elle fût demeurée en sa possession ? C'était l'opinion de Pothier appuyée par des lois romaines. Il nous semble que les termes rigoureux de l'art. 1302 ne nous permettent pas de nous en écarter. Il peut arriver, sans doute, que le propriétaire s'enrichisse aux dépens du voleur, en refusant le prix d'une chose qui eût également été détruite chez lui, mais ne faut-il pas voir dans cet avantage une compensation aux chances de perte auxquelles le voleur l'avait exposée ?

Lorsqu'il n'y a que perte partielle de la chose due, le débiteur est tenu de livrer ce qui reste. Il est tenu au surplus, dans tous les cas lorsqu'il n'y a pas de sa faute, de céder à son créancier les droits et actions en indemnité par rapport à la chose périe ; c'est la disposition de l'art. 1303, qui était logique en Droit romain où la propriété n'était pas transférée par la convention, mais elle est inutile dans une législation qui a proclamé des principes contraires (art. 1138).

La perte de la chose, quand elle a lieu par la faute du débiteur, ne libère pas la caution, mais la dette libère le débiteur, lorsqu'elle a lieu par la faute de la caution.

Section VII.

De l'action en nullité on en rescision de conventions.

Les obligations peuvent s'éteindre par la nullité ou la rescision qui est prononcée. On distinguait soigneusement dans l'ancien Droit, l'action en nullité de l'action en rescision. La première découlait des ordonnances ou des coutumes, la seconde prenait sa source dans le Droit romain, où l'équité naturelle ne pouvait être intentée qu'au moyen *de lettres de rescision* délivrées au nom du roi par les Chancelleries des parlements ou des présidiaux. L'action en nullité se prescrivait par trente ans, l'action en rescision par dix ans. Aujourd'hui toutes ces différences ont disparu ; la terminologie seule est restée , le Code emploie indifféremment les mots *nullité* ou *rescision*, lorsque le contrat est *annulable* pour causes de violence, d'erreur, de dol, ou d'incapacité, comme on le voit dans les art. 1117 et 1304. Néanmoins , on peut remarquer que le législateur se sert toujours du mot *rescision* , lorsque *le contrat est annulable* pour canse de *lésion*.

L'action en nullité ou en rescision dure dix ans toutes les fois que la loi ne l'a pas expressément limitée à un moindre temps (1304). Mais, d'abord, à quels contrats s'applique cette action? Il est évident, selon nous, qu'elle ne concerne point les contrats nuls ou inexistants , par exemple, pour défaut absolu du consentement, pour défaut d'objet ou de cause ; de tels contrats n'ayant aucune existence légale ne peuvent être purgés du vice dont ils sont infectés , ni par le temps, ni par une ratification. Comment faire revivre ou faire annuler le néant ? L'action en nullité ou en rescision ne s'applique qu'aux contrats annulables , qui , bien que vicieux , produisent les mêmes effets que les contrats parfaits, tant que l'annulation n'en a pas été prononcée par les tribunaux, et qui sont par conséquent susceptibles d'être ratifiés ou d'être couverts par la prescription. Telles sont les conventions faites par un incapable et toutes celles où le consentement a été vicié par le dol, l'erreur ou la violence.

Quel est maintenant le point de départ du délai de l'action en nullité ou en rescision? Ce temps ne commence à courir que du jour où la partie dans l'intérêt de laquelle le contrat est annulable, a pu librement en demander la nullité , en vertu du principe : *Contra non valentem agere non currit præscriptio.* Ainsi ; dans le cas de violence , les dix ans ne courent que du jour où la violence a cessé ; dans les cas d'erreur, de dol, du jour où ils ont été découverts ; à l'égard des actes faits par les interdits, du jour où l'interdiction est levée , et à l'égard des actes faits par les mineurs , du jour de leur majorité. Les contrats qui émanent d'une femme mariée non autorisée peuvent être attaqués par la femme elle-même et par le mari. En ce qui concerne l'action de la femme, il est évident que le délai n'en doit courir qu'à partir de la dissolution du mariage : mais ne faudrait-il pas décider que le mari qui est toujours maître d'agir, est obligé d'attaquer le contrat dans les dix ans qui suivent le jour où il en a eu connaissance ?

Nous croyons, du reste (et c'était l'opinion de Pothier), que le délai déterminé par l'art. 1304 est une prescription proprement dite, et de plus, nous admettons avec le plus grand nombre des auteurs, que cet article repousse dans son silence, l'ancienne maxime abolie par l'ordonnance de 1539 : *Quæ temporalia sunt ad agendum, perpetua sunt ad excipiendum.*

L'action en rescision pour lésion, n'est ouverte aux majeurs que dans les cas et sous les conditions spécialement exprimées dans le Cod. Nap.; ces cas et ces conditions sont : le partage qui contient une lésion de plus du quart au préjudice de l'un des cohéritiers (887), et la vente où le vendeur a été lésé de plus de sept douzièmes (1674).

Il en est différemment en ce qui concerne les actes passés par les mineurs. La *simple lésion*, dit l'art. 1305, donne lieu à la rescision en faveur du mineur non émancipé contre *toutes sortes de conventions* qui excèdent les bornes de sa capacité. L'art. 1311 ajoute : Le mineur n'est plus recevable à revenir contre l'engagement qu'il avait souscrit en minorité, lorsqu'il l'a ratifié en majorité ; soit qu'il fût nul en la forme, soit qu'il fût seulement sujet à rescision. Les termes de ces dispositions de loi démontrent qu'il y a relativement aux mineurs des actes qui doivent être annulés, lors même qu'ils ne lui auraient causé aucun préjudice, et d'autres actes qui peuvent être rescindés pour cause de lésion. Mais quels sont les caractères de cette distinction ? Il faut noter plusieurs cas :

1° Le mineur a fait un acte que le tuteur n'aurait pu faire qu'en accomplissant certaines formalités prescrites par la loi, telles que l'autorisation du conseil de famille, l'homologation du tribunal, ou bien le tuteur a fait le même acte sans l'accomplissement de ces formalités, cet acte est nul par défaut de formes (1311), et il n'est pas nécessaire pour le faire tomber d'invoquer la lésion.

2° Le tuteur a fait un acte d'administration pour lequel, par conséquent, aucune formalité particulière n'est prescrite par la loi. Nous croyons qu'alors même que cet acte contiendrait une lésion pour le mineur, on ne pourrait pas le faire rescinder ; c'était l'avis de Pothier, qui en donnait une raison tirée de l'intérêt même des mineurs ; car, disait-il, personne ne voudrait traiter avec le tuteur, puisqu'on ne pourrait point le faire d'une manière solide et irrévocable.

3° Le tuteur a passé un contrat en remplissant les formalités prescrites par la loi pour la perfection de ce contrat, telles que l'autorisation du conseil des familles, l'homologation du tribunal. Cet acte est valable, et nous estimons qu'il ne peut pas être rescindé pour cause de lésion.

4° Le mineur a fait lui-même, sans l'assistance de son tuteur, un acte d'administration ; cet acte est valable, à moins qu'il ne contienne une lésion. C'est le cas où s'applique la maxime : *restituitur, non tanquam minor , sed tanquàm lœsus.* Les travaux préparatoires du Code démontrent que les mineurs sont incapables non pas de contracter, mais de faire des contrats qui leur nuisent. Il ne s'agit dans l'article 1305 que des actes accomplis par le mineur lui-même. Les art. 1307 et 1308 confirment cette doctrine. L'art. 1314 ne permet plus aux mineurs d'attaquer pour cause de simple lésion les aliénations d'immeubles et de partages de succession , quoique ces actes puissent compromettre le plus gravement ses intérêts. Tout ce qui précède est relatif aux mineurs non émancipés. Quant aux mineurs émancipés, ils peuvent faire annuler, pour défaut de forme et indépendamment de toute lésion , les contrats qu'ils ne pouvaient consentir qu'avec l'autorisation du conseil de famille, l'homologation du tribunal de première instance, lorsque les formalités n'ont pas été accomplies ; ils peuvent faire rescinder, pour cause de lésion , les contrats qu'ils ont fait seuls, et auxquels il n'a manqué que l'assistance du curateur ; ils sont du reste assimilés aux majeurs pour les engagements qu'ils ont pris , à raison de leur commerce ou de leur art (1308).

Les mineurs sont au surplus irrecevables à faire rescinder les conventions portées en leur contrat de mariage, lorsqu'elles ont été faites avec l'assistance de ceux dont le consentement était requis par la loi (Article 1309). De même, ils ne sont plus restituables contre les obligations résultant de leurs délits ou quasi-délits (Art. 1310) Néanmoins, la simple déclaration de majorité faite par un mineur ne fait point obstacle à la restitution , lorsqu'il ne s'y joint pas de manœuvres frauduleuses (Art. 1307). Lorsque l'engagement souscrit en minorité est ratifié par un pupille devenu majeur, il devient inattaquable , soit que cet engagement fût nul en la forme, soit qu'il fût sujet à restitution (1311).

Enfin, il n'y a point lieu à rescision, lorsque la lésion ne résulte que d'un événement casuel et imprévu (Art. 1306).

L'annulation des actes par suite de l'action en nullité ou en rescision , a pour objet ordinaire de remettre les choses dans l'état où elles seraient , si l'acte rescindé ou annulé n'avait jamais existé. Cette conséquence eût été drop dure pour l'incapable , on ne pouvait l'obliger qu'à restituer ce dont il a profité, et non pas ce qu'il avait reçu : c'est la disposition de l'article 1312.

POSITIONS.

I. Par quelle action le tiers qui a payé malgré le débiteur peut-il recourir contre lui ?

II. Les juges peuvent-ils accorder un délai au débiteur , lorsque le créancier qu'il poursuit est muni d'un titre exécutoire autre qu'un jugement ?

III. Est-il nécessaire pour qu'il y ait remise de la dette que l'acceptation du débiteur soit connue du créancier ?

IV. Lorsque le dépositaire ou l'emprunteur à usage , débiteur d'un corps certain, a été condamné à payer une indemnité , parce qu'il a, par sa faute , laissé périr le corps certain qu'il devait , sa dette est-elle compensable ?

Droit Commercial.

De la lettre de change.

Du protêt. — De la clause : retour sans frais.

CHAPITRE Ier.

Du protêt.

Le protêt est un acte fait à la requête du porteur pour constater solennellement, envers et contre tous, que celui sur qui la lettre de change est tirée refuse de l'accepter ou de la payer.

De là deux espèces de protêt : *protêt faute d'acceptation* et *protêt faute de paiement.* — Le premier est facultatif; si le porteur ne le fait pas, il ne courra aucun danger. — Le second, au contraire, entraîne des déchéances s'il n'a pas été fait au jour fixé, le lendemain de l'échéance.

Nous allons à ce sujet examiner successivement : 1o qui peut requérir le protêt; 2o en quel lieu il faut le faire ; 3o par quels officiers ministériels il est opéré et dans quelles formes; 4o enfin les conséquences d'un protêt irrégulier.

§ Ier. — *Qui peut requérir le protêt.*

Le porteur propriétaire et le porteur mandataire (en vertu de l'endossément portant procuration) peuvent, l'un aussi bien que l'autre, faire faire le protêt? Le simple détenteur pourrait-il requérir le protêt faute de paiement? Les auteurs trouvent la question très-grave et sont embarrassés, car ils partent de ce principe faux : que le protêt est un commencement de poursuite.

Posons une espèce : Une lettre de change a été tirée sur Pierre, de Paris, par Jean, de Bordeaux, et des duplicata ont été faits. L'un des exemplaires est destiné à être envoyé à un ami Jacques, qui fera opérer l'acceptation de Pierre, et l'autre exemplaire sera négocié. Jacques obtient l'acceptation et garde la lettre de change jusqu'au jour de l'échéance. Ce jour-là personne ne se présente pour demander le paiement, des déchéances vont être encourues. Pour rendre service à son ami, Jacques présente au paiement la lettre acceptée, et sur le refus fait protester.

Ce simple détenteur aura-t-il le droit de requérir le protêt? Il faut répondre affirmativement, dit l'honorable professeur M. Dufour. Malgré l'embarras et toutes les rigueurs de la théorie, les cris de la conscience doivent l'emporter.

Cette décision est admise aussi par M. Pardessus; et il ajoute que le détenteur ne pourra faire le protêt en son nom, mais qu'il devra le faire au nom du porteur de l'exemplaire en circulation, du vrai propriétaire de la lettre de change, et invoque en faveur de cette opinion cette vieille maxime : *Nul, en France, ne peut plaider par procureur.*

Nous n'acceptons pas cet argument, car le protêt n'est pas une poursuite judiciaire, mais simplement un document destiné à établir le non-paiement de la traite.

§ 2. — *En quel lieu le protêt doit-il être fait?*

L'art. 173 porte : Le protêt doit être fait au domicile de celui sur qui la lettre de change était payable ou à son dernier domicile connu, au domicile des personnes indiquées par la lettre de change pour la payer au besoin ; au domicile du tiers qui a accepté par intervention.

1º Le protèt doit être fait au domicile que le tiré avait au moment de l'échéance dans le lieu où la lettre était payable. Il doit toujours être fait au domicile, à la différence de l'assignation qui peut être faite à la personne ; la raison en est que le protèt doit être fait là où se trouve le vrai débiteur.

Si la lettre de change est tirée sur un lieu et payable dans un autre, c'est au domicile du débiteur que le paiement doit être effectué, et comme le protèt doit être fait le lendemain de l'échéance, il faut qu'il soit opéré dans le lieu du paiement.

2º Le protèt doit être fait au domicile des personnes indiquées par la lettre de change pour payer au besoin. Voici comment cela a lieu : Jean tire sur Pierre, mais il ne connaît pas Pierre, il n'a pas de rapports avec lui, il a donc à craindre, malgré son crédit, sa solvabilité, que sa signature ne soit pas honorée ; il indiquera alors, pour éviter le deshonneur du refus, une personne qui, au besoin, paiera à la place de Pierre. Dans la pratique consulaire, on a appelé ces personnes d'un nom particulier, *des besoins*. C'est donc au domicile de ce besoin indiqué que le protèt devra être fait. Ce sera aussi le plus souvent le tireur sur qui sa signature risque d'être deshonorée à indiquer les besoins.

3º Enfin le protèt faute de paiement doit aussi être fait au domicile de celui qui a accepté par intervention. Nous devons ici faire deux distinctions : si le tiers accepteur est domicilié au lieu du tiré, le porteur devra l'agréer et faire le même jour le protèt à cet accepteur ; si au contraire, le porteur devait éprouver un préjudice de cette acceptation du tiers intervenant, parce que ce tiers ne serait pas domicilié dans la même ville que le tiré, il pourrait dire, je ne veux pas être forcé d'aller si loin, je ne veux pas de votre acceptation, par suite il n'aurait pas à faire le protèt à ce domicile.

En cas de fausse indication de domicile, les protèts sont précédés d'un acte de perquisition (173). Au moyen de cet acte, l'officier instrumentaire établit qu'il a accompli toutes les démarches nécessaires pour découvrir le domicile de celui auquel le protèt doit être signifié.

§ 3. — *Par quels officiers ministériels on peut le faire et dans quelle forme ?*

L'art. 173, modifié par le décret des 23-26 mars 1848, porte : les protêts faute d'acceptation ou de paiement sont faits par un notaire ou un huissier sans l'assistance de témoins. Disons cependant que le plus souvent ces actes sont laissés aux huissiers et les notaires ne les font presque jamais. Cependant il est des places où les notaires les font aussi. Puisque les notaires les font, il est évident que le protêt n'est pas un commencement d'instance, mais un acte destiné à prouver qu'une acceptation n'a pas été fournie, qu'un paiement n'a pas été fait. D'un autre côté, comme il faut se transporter au domicile du tiré, ce que les notaires n'ont pas l'habitude de faire et croiraient quelquefois déroger en le faisant, par ce motif ce sont le plus souvent les huissiers qui le font.

Forme de l'acte du protêt. L'art. 174 nous indique dans quelle forme se rédigent les protêts.

Les protêts contiennent la transcription littérale de la lettre de change avec acceptation, endossements et recommandation qui y sont indiqués ; sommation de payer le montant, énonciation de la présence ou de l'absence de celui qui doit payer, des motifs de refus, impuissance ou de refus de signer (174).

§ 4. — *Conséquences d'un protêt irrégulier.*

Les huissiers chargés de protester sont responsables des dommages qu'ils auront causés par leur faute vis-à-vis du porteur. Vis-à-vis des tiers, des endosseurs, l'huissier, par exemple, a fait un protêt irrégulier, le porteur s'en aperçoit, mais comme il a encore la déchéance, il écrit à un endosseur : « Le protêt a été fait, payez-moi ; je vous envoie les pièces pour votre action récursoire. » Lorsque l'endosseur découvrira la nullité, aura-t-il action en répétition contre le porteur ? Pour peu qu'il ait été dans l'impossibilité de vérifier ces pièces, il aura la *condictio in-*

debiti ; mais s'il a payé sur protêt irrégulier , il se sera valablement libéré.

Nous devons nous demander s'il aura uue action en dommages-intérêts contre l'huissier ; on a répondu non, car la nullité , a-t-on dit, n'est pas encourue envers tout le monde ; c'est ce que nous contestons, attendu que le protêt fait preuve envers et contre tous , réciproquement les vices qui l'infectent doivent être opposés envers et contre tous. Mais dans quel tribunal cette action devra être portée ? — Devant le tribunal civil ou devant le tribunal de commerce ? Il est évident que l'huissier n'a pas fait un acte de commerce en signifiant un protêt ; or , le tribunal de commerce ne connaît que des actes de commerce ; le tribunal civil est donc en principe seul compétent.

Pour décider la question , comme le dit très-bien l'honorable professeur M. Dufour , ce serait d'appeler devant le tribunal qui statue sur la nullité , et en jonction l'officier ministériel qui serait par là tenu de venir défendre contre la nullité qui est son fait.

CHAPITRE II.

De la clause : retour sans frais.

En principe, le protêt est un acte indispensable, nul autre ne peut le suppléer (Art. 175). Voyons dans quel cas cette exception pourra être formulée.

Je tire une lettre de change sur un banquier qui ne me connaît pas , j'ai à craindre que ce banquier se laisse protester ma signature, et un protêt quelquefois peut être la cause de la ruine d'une maison importante de commerce. Je veux donc avant tout éviter cet affront. Je donne ordre de ne pas protester ma signature, et je le fais en insérant une clause après signature, ainsi conçue: retour sans frais, c'est-à-dire , si ma lettre de change n'est pas payée, ne la faites pas protester, ne faites pas des frais inutiles, revenez à moi, tireur, et je consens à ce que vous ayez encore le droit de m'attaquer, je renonce à toute déchéance. Tel est le sens de cette clause.

Nous allons examiner sommairement 1° si cette clause de retour sans frais est permise ; 2° qui peut la stipuler ; 3° les conséquences de l'opposition de cette clause.

§ 1er. — *La clause de retour sans frais est-elle permise ?* — Le conseil des manufactures pensait qu'elle devait être prohibée, parce qu'elle est dangereuse. Sans doute elle serait bien admise entre deux personnes seulement ou un certain nombre qui l'accepteraient d'avance ; mais pour une lettre de change qui passe en tant de mains, chacun des endosseurs a intérêt à savoir si la traite a été présentée et non payée ; il serait nécessaire qu'il y eût un acte pour le constater. Malgré ces raisons, à cause de l'utilité et de l'avantage qu'elle procure au tireur, cette clause est admise.

§ 2. — *Quelles sont les personnes qui peuvent opposer cette clause de retour sans frais ?* — Le tireur, incontestablement, et il n'y a que lui intéressé, qui puisse avoir la signature compromise et peut-être déshonorée. Mais on a dit : Les endosseurs ont une grande ressemblance avec le tireur, ils sont en quelque sorte des tireurs, on doit donc leur permettre également la clause de retour sans frais.

§ 3. — *Conséquences qu'entraîne la clause de retour.* — Il est nécessaire de distinguer entre le cas où elle émane de l'un des endosseurs. Si c'est du tireur qu'elle émane, il a suffisamment manifesté par là qu'il veut éviter l'affront du protêt, il a donné ordre de ne pas protester. Si elle émane d'un des endosseurs, quoique le protêt ait été fait, ceux-ci ne peuvent se plaindre, car le porteur et le tireur ne sont pas tenus de subir tous les caprices d'une personne étrangère. Le porteur pourra agir comme si cette clause n'existait pas, seulement ce sera une faveur pour lui de ne pas encourir la déchéance, et par cela seul que c'est une faveur, il pourra y renoncer. Si c'est au contraire sur le tireur qu'il a compté principalement, il fera protester au jour de l'échéance.

La clause de retour sans frais ne se présente pas toujours expresse et formelle ; quelquefois on trouve sur des lettres de change ces simples lettres : S. F., ou bien : R. S. F. Dans ce cas, il faudra toujours faire protester la lettre de change, sans cela le faux serait trop facile, car la difficulté pour le faussaire vient surtout de la liaison des lettres et des mots.

La loi des 5 et 14 juin 1850 est venue apporter une garantie importante en ce qui concerne la clause de retour sans frais. L'art. 8 de la même loi porte : « Toute mention ou convention de retour sans frais, soit sur le titre, soit en dehors du titre, sera nulle, si elle est relative à des effets non timbrés ou non visés pour timbre. »

QUESTIONS.

I. La non mention du refus du paiement annulle-t-elle le protêt?

II. La validité de l'acte de protêt peut-elle être attaquée, sous prétexte que l'effet a été présenté par le porteur lui-même, non par un officier ministériel?

Droit Administratif.

De la compétence administrative et judiciaire en matière de marchés publics.

Les marchés publics forment l'une des branches les plus importantes du contentieux administratif. Ces marchés sont relatifs aux fournitures faites à l'Etat par des compagnies ou simples particuliers, [soit aux travaux publics exécutés pour le compte de l'Etat et en son nom.

Il ne faut pas confondre ces deux sortes de marchés : les premiers, que l'on appelle plus spécialement *marchés de fournitures*, sont placés dans les attributions contentieuses des ministres ; les seconds, désignés sous le nom de *marchés publics*, sont de la compétence des conseils de préfecture en règle générale.

Les auteurs, et notamment M. de Cormenin, ont confondu tout ce qui est relatif à ces deux sortes de marchés. C'est un erreur qui pourrait, dans l'application, entraîner des difficultés, non pas à cause du caractère du contentieux, car il existe dans les deux espèces, mais, ainsi que nous l'avons dit, à cause des juridictions qui doivent prononcer.

On entend par *marchés de fournitures* ou *marchés publics* les adjudications passées pour le compte de l'Etat par les ordres et sous l'autorité des ministres. Ces marchés ont nécessairement pour objet des choses mobilières.

Les *travaux publics* , au contraire , embrassent tous les travaux qui s'appliquent au sol, tels que constructions d'édifices publics , de grande voie de communication , etc., etc. , qui sont d'ailleurs entrepris dans un but d'intérêt général ; car il ne faudrait pas ranger dans cette catégorie les travaux qui concernent l'Etat considéré comme propriétaire de son domaine privé.

Nous avons dit que dans les deux matières on voit apparaître le caractère du contentieux. Il est facile de s'en convaincre en faisant l'application de la formule si claire, si féconde de notre savant professeur, M. Chauveau : « Toutes les fois qu'*un intérêt spécial émanant de l'inté-* » *rêt général se trouve , discuté, en contact avec un droit privé* , il y a » contentieux administratif. »

Qu'il s'agisse , en effet , de travaux publics , d'une adjudication , par exemple , de travaux pour la construction d'une route impériale , nous voyons apparaître tout d'abord l'*intérêt général ;* cet intérêt général attaché à l'existence des grandes voies de communication devient *spécial* dans la route à construire , surtout lorsque les ingénieurs ont besoin de déposer des pierres sur des propriétés voisines.

Le droit privé existe en faveur de l'adjudicataire qui emploie une partie de sa fortune à la confection des travaux de l'Etat. Enfin, la *discussion* naîtra entre, le *droit privé* de l'adjudicataire et l'*intérêt spécial* dont nous avons parlé, par exemple , s'il s'agit d'une indemnité que cet adjudicataire réclamera.

Il en est de même dans les *marchés de fourniture* que nous appelons plus spécialement *marchés publics*. Posons une espèce. Il s'agit d'une adjudication de fournitures pour les troupes dont l'Etat réclame l'exécution. L'adjudicataire refuse et il y a lieu d'interpréter le marché. Nous voyons le *droit privé* de l'adjudicataire qui engage ses capitaux , faisant naître *une discussion* dans laquelle est en jeu l'*intérêt spécial* qu'a l'Etat à l'exécution du marché, et cet intérêt spécial émane évidemment de l'intérêt général attaché à la subsistance des armées.

. Occupons-nous d'une manière toute particulière des *marchés de fournitures* ou *marchés publics*.

Chaque ministre a dans ses attributions tout ce qui concerne les marchés de son département et se trouve chargé de prononcer en premier ressort sur toutes les questions contentieuses.

Cette compétence des ministres dans notre matière résulte des principes posés par M. Chauveau, d'après lesquels les ministres forment toujours le tribunal administratif ordinaire, lorsque aucune disposition de loi n'a soustrait les affaires contentieuses à leurs juridictions. Elle résulte encore de l'art. 14, n° 2 du décret du 11 juin 1806, qui attribue compétence au conseil d'État pour ces matières, mais en appel seulement. Il est vrai qu'un arrêté du 12 thermidor an IX semble désigner les Préfets pour statuer sur les contestations de cette nature, mais cette prétendue compétence des préfets devait être bornée à des actes d'instruction pour préparer la décision du ministre. Enfin, cette compétence est reconnue par presque tous les auteurs et par la jurisprudence constante du Conseil d'Etat.

On peut citer cependant quelques décisions qui viennent contrarier ces principes. Ainsi on a considéré comme marchés de travaux publics de la compétence des conseils de préfecture, les traités passés entre l'administration et l'adjudicataire de travaux industriels d'une maison de détention. (15 mars 1829 et 25 novembre 1829).

Le marché passé entre le propriétaire d'une pompe à feu et l'administration pour l'arrosement d'une grande route. (17 octobre 1834).

Les conventions intervenues entre un agent de l'administration chargé de la direction des travaux publics et un particulier qui a fait des fournitures pour la confection des travaux. (3 janvier 1837).

Il est évident que dans toutes ces espèces il ne s'agit pas de marchés de *travaux publics* à exécuter sur le sol, mais bien de *marchés de fournitures*, ainsi que nous l'avons expliqué en commençant.

Les travaux d'intérêt public et les marchés de fournitures dont nous venons de nous occuper peuvent présenter un autre caractère. Ils peuvent donner naissance à des *discussions de droits privés*, dans lesquels *l'intérêt spécial émanant de l'intérêt général, n'est nullement en discussion.*

Les difficultés de cette nature, bien que contentieuses, ne sont plus du ressort de l'autorité administrative. C'est donc devant les tribunaux judiciaires qu'il faudra les porter.

Ainsi, les fournisseurs adjudicataires envers l'Etat, peuvent avoir des difficultés avec leurs agents sous-traitants ou simples particuliers. Dans ce cas, bien que l'Etat ait intérêt à l'exécution entière et facile du marché conclu, il ne peut néanmoins intervenir entre le fournisseur et le sous-traitant, car son intérêt n'est pas en discussion. C'est une question d'intérêt privé qui s'agite ; les tribunaux ordinaires sont donc seuls compétents. C'est ce qui a été reconnu par tous les auteurs et par de nombreuses décisions du conseil-d'Etat.

Il en est de même des discussions qui s'élèvent entre deux ou plusieurs associés fournisseurs (19 décembre 1827). — Des poursuites en paiement de lettres de change souscrites par le sous-traitant au profit du fournisseur ou par celui-ci au profit de ses agents (3 septembre 1808, 23 novembre 1808, etc.).

Notons cependant avec M. Chauveau, que si l'Etat acceptait un cessionnaire à la place de l'adjudicataire ou d'un fournisseur principal, le cessionnaire serait considéré comme ayant traité directement avec l'Etat et soumis à la juridiction administrative. En effet, l'application de la formule du contentieux administratif se ferait sans difficulté ; mais dans cette même espèce les débats entre le cessionnaire et le cédant demeureraient soumis à la compétence des tribunaux ordinaires, puisque ce sont *des discussions de droit privés*.

Cette Thèse sera soutenue, en séance publique, dans une des salles de la Faculté.

Vu par le Président de la Thèse,

DEMANTE.

Toulouse, Imprimerie Troyes Ouvriers Réunis, rue Saint-Pantaléon, 3.

9 782019 994457